A MESSIEURS

LES PAIRS DE FRANCE

ET

A MESSIEURS LES MEMBRES

DE LA

CHAMBRE DES DÉPUTÉS.

CLERMONT-FERRAND,

IMPRIMERIE DE THIBAUD-LANDRIOT,

Libraire, rue St-Genès, no 8.

1832.

MONSIEUR,

UN grand orage vient d'éclater. Depuis long-temps il se préparait. Un convoi qui ne devait exciter que des sentimens généreux, a vu se manifester des dispositions atroces. Paris, la France et le Roi ont été en péril.

Echappé à ce péril, ce serait mal profiter de l'avertissement qui a été donné, que de se replacer exactement dans les positions d'où il a pris naissance, et d'où il ne manquerait pas de se reproduire. La mise en état de siége, nécessaire au moment de la révolte pour la surmonter, nécessaire encore à la suite de la révolte pour en connaître les sources et les ramifications, est une mesure qui ne peut se conserver.

Sortir de cette situation est une nécessité. Comment en sortir? Sera-ce en vertu de je ne sais quelle nouvelle émeute substituée par la presse à l'émeute armée, ou par une intervention plus ou moins directe d'une des deux chambres : intervention qui, au moment où le Gouvernement se porte comme accusateur, semblerait le mettre lui-même en accusation? ou bien sera-ce pour que le Gouvernement reprenne ponctuellement les positions fausses et insuffisantes qui ont enhardi les espérances de ses ennemis, et qui le livreraient bientôt à de nouvelles attaques?

Telles sont, Monsieur, des difficultés qui me paraissent ressortir de l'état actuel de la France. Dans cet état, il est un point sur lequel je dois principalement attirer votre attention ; c'est la situation où se trouve l'esprit public.

Un mélange confus de toutes les vues et de tous les jugemens, les questions les plus vitales de l'état social laissées indécises, ou abandonnées à toutes les interprétations ; au milieu d'une multitude d'esprits timides, de caractères irrésolus, de tendances incertaines, un débordement de passions vives et d'ambitions effrénées, cherchant à tout renverser pour se faire une place, et à tout briser pour se faire une issue ; un pays où le passé est détruit, où les exemples sont sans force, toutes les traditions décréditées ; un pays où tout ce qui a du talent ne s'occupe qu'à envahir les sommités du pouvoir, ou à le dégrader lorsqu'il ne peut l'envahir ; un pays où une multitude innombrable d'activités oisives ne trouvant au-devant d'elles que des sphères étroites sur lesquelles elles ne peuvent se développer, se croient condamnées à mort si on ne leur permet de se livrer à un essor sans frein et sans règle ; un pays enfin où la modération est devenue un objet de mépris, où il n'y a de faveur que pour les excès, où l'ordre légal a quelque chose d'odieux, où la règle est réputée une tyrannie ; Monsieur, je ne puis concevoir qu'un tel pays soit capable de subsister.

De quelque manière, en effet, qu'un état soit composé, lorsque toutes les opinions sont à la débandade, lorsque tous les esprits sont dévorés d'inquiétude, lorsqu'il n'y a plus de voie pour régler les mouvemens, plus de crainte pour contenir les ambitions, et que tout ce qu'il y a d'énergie est sans cesse aux prises avec le Gouvernement, si ce gouvernement est ancien et qu'il ait de fortes racines, il pourra se défendre pendant quelque temps ; à la fin il sera ébranlé. Que sera-ce d'un gouvernement nouveau, où tout étant *à nouveau*, les formes ne peuvent être encore bien assises, les bases bien assurées ? Il ne faut pas se faire illusion ; il faut qu'un tel gouvernement succombe.

Cependant lorsqu'un gouvernement succombe, comme ce n'est pas ordinairement sans quelque combat, les déchiremens qu'offre cette première perspective peuvent être un objet d'attention ; au moins suppose-t-on alors qu'un autre gouvernement le remplacera. C'est à quoi (et c'est ici un nouvel objet d'attention) l'état de la France s'oppose : les causes qui auront fait périr le gouvernement présent, feront périr également toute autre espèce de gouvernement : je ne puis avoir à cet égard nul doute.

Pour donner à ces vues le développement convenable, je me propose de considérer d'abord le caractère des trois gouvernemens que nous avons vu se succéder ; le gouvernement de Bonaparte, celui de la Restauration, celui de Louis-Philippe. Comme c'est de la situation de la France sous ces trois gouvernemens qu'est ressortie notre situation présente, il importe d'examiner en plein la forme de ces trois gouvernemens.

Par ce qu'ils ont eu de régulier et d'irrégulier, par ce qu'ils ont présenté de stabilité et de crise, nous serons avertis de ce que nous avons à craindre ou à espérer aujourd'hui. En nous appliquant les traits divers de leur situation , nous saurons d'une manière précise si nous pouvons nous conserver, et comment nous pouvons nous conserver.

§ I.

CARACTÈRE DES TROIS GOUVERNEMENS.

Je n'ai point à parler de l'espèce de gouvernement que la Convention et le Directoire essayèrent d'établir à la suite de la révolution de 1789. Ce gouvernement ne fût autre chose que de longues saturnales. C'est honorer un pareil temps que de l'appeler un temps d'anarchie et de chaos.

Entrant dans cette anarchie, si Bonaparte put, au milieu des sacrifices continuels d'hommes et d'argent qu'il imposa, obtenir le respect et l'affection des Français, ce n'est pas un petit phénomène. Pour l'expliquer, il faut se rappeler les deux grands mobiles, je pourrais dire les deux grandes passions de la France ; l'amour de l'égalité, l'amour de la gloire.

Sur ce point, il est convenable de s'entendre.

L'amour de l'égalité, cela veut dire en France l'horreur de toute espèce de supériorité dans les autres ; l'amour de la gloire, cela veut dire un désir vif de certaines supériorités qui nous donneront de l'éclat. Or, voici comment se comportent ces deux passions. Avec l'amour de l'égalité qui est la haine des supériorités existantes, on se met à dénigrer tout le passé, et à renverser, si on peut, toutes les situations qui sont faites. Avec l'amour de la gloire, il faut forcer, élargir, multiplier à tout prix les voies qui peuvent faciliter l'élévation qu'ambitionnent le talent et le courage.

Je n'ignore pas qu'il est d'usage de parler aussi quelquefois de liberté. Ce mot qui a divers sens, n'est autre chose que la faculté qu'on recherche pour abattre les supériorités qu'on n'a pas, et se procurer plus à son aise les supériorités qu'on veut avoir. Une lutte établie contre l'ordre légal qui consacre les situations faites, et contre le gouvernement qui les protége, est regardée comme le premier droit de la liberté.

D'après ces explications, on comprend l'affection qu'on a montrée en France, et qu'on conserve encore au gouvernement de Bonaparte.

La révolution de 89 avait renversé les gloires et les supériorités anciennes. Elle en était demeurée là. Ce n'était pas assez : Bonaparte survenant se met à remplir la France de gloires et de supériorités nouvelles. Il consomme par là, et embellit l'œuvre de la révolution. A ce prix, la France transportée accepte tous les jougs qu'on veut lui imposer. Des conseillers d'état, bardés de cordons et de broderies, lui abandonnent à l'égard de l'aristocratie l'horreur qu'ils en avaient professée ; la classe moyenne, les vœux ardens de liberté civile et politique qu'elle avait proclamée ; les pères et les mères, la vie de leurs enfans qu'ils chérissaient ; la masse des citoyens, les vexations, les conscriptions, le retour des emprisonnemens et des ordres arbitraires.

Dans la prospérité, on conçoit que tout est couvert par la prospérité. Bonaparte eut cela de particulier, que dans l'infortune rien ne lui fut reproché : on oublia aux cent jours et la folie de Moscou, et la défaite de Leipsik, et l'abdication de Fontainebleau. Dès qu'il reparaît, quelques voix ont beau s'élever pour décrier le tyran de la France ; de tous les points de l'horizon des flots de peuples se précipitent sur son passage ; aucune autorité ne peut se faire entendre, aucune résistance ne peut se montrer : tout est charmé, subjugué, entraîné.

Auprès de ce mouvement dont on n'a jamais bien voulu comprendre le caractère, considérons la restauration : elle nous arrive à deux reprises ; non pas avec ses propres forces, mais avec des étrangers : nous apportant, non plus la gloire des combats, mais des humiliations et des défaites, non plus, comme sous Bonaparte, des tributs à recevoir, mais des tributs à solder. Par-dessus les rangs et les supériorités nouvelles dont la France était encombrée, elle apporte d'anciens rangs que la révolution avait détruits, d'anciennes supériorités qu'elle avait effacées ; elle nous apporte aussi des missions et des processions.

Ces inconvéniens ne furent pas sans des compensations. Bonaparte, qui n'avait pas voulu, ou qui probablement n'avait pas cru pouvoir donner la liberté à la France, l'avait enivrée de gloire. Louis XVIII, qui avait peu de gloire à sa disposition, lui avait donné la paix au dehors ; il avait voulu aussi lui donner la liberté.

Il s'y prit mal : mieux conseillé, il aurait compris qu'un arbre se plante d'ordinaire par ses racines, et que la construction d'un édifice se commence par ses fondemens. Il eût donné ainsi la liberté civile pour base à la liberté politique. Il suffisait, selon les coutumes anciennes, de rétablir, avec quelques modifications, les Etats particuliers de province , ou plutôt des administrations provinciales, dont les bons anciens services n'étaient pas contestés. De cette manière on se dégageait d'une multitude d'intérêts locaux peu commodes à gouverner ; on ouvrait au zèle , au talent, au patriotisme local , à toute cette surabondance d'activité intérieure qui a causé et qui cause encore tant d'embarras , une carrière honorable où elle pouvait se développer.

La restauration ne tint compte de ces vues ; peut-être même furent-elles un objet de méfiance : on y vit une espèce de démembrement du pouvoir monarchique , un commencement de retour au *fédéralisme*. Le parti fut pris de tout faire par la charte.

Je ne conteste pas , à beaucoup d'égards , que la charte , telle que Louis XVIII la libella , ne fût une bonne règle pour l'action des pouvoirs politiques. Ce n'était que cela ; la partie civile intérieure toute entière était laissée dans le chaos. Ce que Bonaparte avait gouverné avec un despotisme plein devint moins facile à gouverner avec un régime de liberté. Ce ne fut pas le seul inconvénient ; ce qu'il y avait d'activité dans les esprits se porta vers les sommités politiques, où on lui avait laissé une issue. Là , les ambitions s'agitant à tort et à travers , comprimées tantôt dans un sens , tantôt dans un autre , placèrent le gouvernement dans une nécessité continue de diverses attitudes qui a été signalée sous le nom de *bascule*.

Quelque confiance qu'eût ce monarque dans les dispositions de sa charte, il sembla avoir compris leur insuffisance. Il y ajouta la force matérielle assez bien entendue des instrumens de police, et aussi les moyens moraux de la religion.

En ce dernier point, comme il n'avait pas une grande passion religieuse et qu'il était homme d'esprit, son plan s'exécuta d'une manière assez sage et à petit bruit. Sous Charles X, chez qui la passion religieuse était exaltée, il n'en fut pas de même. Au milieu de l'ancienne anarchie de la France, comme c'était dans la force publique qu'il restait un peu d'ordre, à raison de la discipline et de la hiérarchie des armées; du côté des moyens moraux, comme c'était dans les ministres de la religion, en raison de la discipline et de la hiérarchie sacerdotale, dès lors le parti fut arrêté. Comprimer le brutal des passions par le brutal des baïonnettes, adoucir et discipliner ces mêmes passions par l'action douce des sentimens religieux, furent tout le plan de gouvernement. Les gendarmes et les prêtres se partagèrent la force publique et l'esprit public.

Ces vues, qui ne plaisaient pas, causèrent moins de plainte qu'on ne pourrait le supposer. Il est ordinaire aujourd'hui de dénigrer en tout point le gouvernement de la restauration. Les allégations à cet égard ne sont pas toujours fondées. Louis XVIII a été constamment respecté. Charles X, à son avénement, fut universellement accueilli. On a fait tout ce qu'on a pu ensuite pour lui conserver estime et affection. On le savait dévot ; on connaissait les minuties pieuses de sa vie privée , on ne s'en occupait pas. Dans d'autres temps, en raison des préventions contre la féodalité , on se serait irrité contre la dénomination de *roi chevalier* : on en riait. S'il lui avait convenu de renouveler les tournois sur la place du Carrouzel , je crois qu'on s'en serait amusé. Ses entours même , encore que l'esprit qui y régnait fût peu en harmonie avec l'esprit de la nation , ne déplaisaient pas trop ; on aurait voulu les supporter , on aurait voulu supporter aussi ses prêtres ; on s'y est efforcé long-temps : à la fin cela a été impossible. Des amis qui déjà sous Louis XVIII avaient formé avec le prince une espèce de gouvernement occulte , et qui chaque jour couvraient la France de jésuites et de congrégations ; un ministère captivé, une chambre des députés circonvenue, une chambre des pairs envahie par une irruption de quatre-vingts membres nouveaux , on ne put tenir à une accumulation de prétentions que chaque jour l'autorité proposait ou imposait. Les Cours royales montrèrent du mécontentement , la chambre des pairs de l'opposition. De toutes parts on se défendit avec les armes que donnaient la loi et la liberté politique. Le gouvernement harcelé prit le parti d'attaquer la loi et la liberté ; il fut renversé par elles.

Tels sont les événemens de juillet. C'est fini pour la branche aînée ; réduite à demander un sauf-conduit, elle est toute entière en fuite ; le trône est vacant.

Il appartient dès lors au plus prochain héritier. Louis-Philippe est sur le trône : j'ai à décrire le caractère de son gouvernement.

J'ai parlé de deux grandes passions de la France, l'amour de l'égalité, l'amour de la gloire. Mais d'abord, pour réaliser l'égalité, il faut commencer par abattre les supériorités existantes. Pour ce qui est de la gloire, quand elle est convoitée avec une ardeur effrénée par tout le monde, le mode ordinaire social ne suffit pas ; ses cadres sont incommodes ; il faut absolument forcer ou élargir les voies. En sa qualité de gouvernement régulier, la restauration ne pouvait montrer toute la facilité que les passions désiraient ; de plus, elle avait porté des avantages de paix dont on paraissait se contenter ; la liberté de la presse avait donné à la pensée un essor qui n'était pas sans éclat ; la cessation du système continental avait encouragé les entreprises du commerce. Un gouvernement représentatif avait mis en lumière de grandes capacités politiques ; enfin, les propriétaires et les pères de famille semblaient avoir acquis une pleine sécurité. Tout cela est positif, et cependant on n'était que tranquille, on n'était pas content. Le présent était bon, mais il paraissait mort. Plus de secousses comme autrefois, plus de grandes émotions. La vie n'était qu'une bonne végétation. Les épées avaient perdu leur éclat ; les âmes semblaient se rouiller comme les épées.

Avec ce fond secret de mécontentement, quel

qu'il pût être , on conçoit que, seul et abandonné à lui-même , il n'eût jamais causé de révolution ; mais une révolution se faisant , il devait éclater avec elle.

L'ordre social , pour être à son point de perfection , a besoin sans doute de mouvement et d'activité. Pourtant ce n'est pas une mer d'orages continus et de tempêtes : c'est un ordre de choses qui, comme l'ordre des saisons , suppose de la fixité et de la régularité.

Dans les temps ordinaires , cette impression est dans les consciences. Sous Louis XVIII , aussi-bien que sous Charles X , si les clameurs et les vœux d'aujourd'hui s'étaient fait entendre , on aurait fui d'horreur ; rien au monde n'aurait paru plus sauvage que d'entendre à la tribune ou de voir dans les journaux proposer le gouvernement des Etats-Unis , ou l'institution de la république ; l'abolition de la pairie , ou les assemblées primaires ; la constitution de quatorze siecles , ou les Etats généraux.

En politique , la folie , toute folie qu'elle est , met plus de prudence à se prononcer ; avec une hypocrisie et une patience admirables , elle sait attendre le temps favorable. Remarquez dans ces derniers jours , à l'assemblée , le parti de la guerre. Il ne nous a jamais dit franchement qu'il voulait la guerre ; il se contentait de demander une attitude et des déclarations qui l'amenassent , sûr qu'il était d'avance des suffrages d'une multitude pour qui toute espéce de paix au dedans et au dehors est un supplice.

Et voilà ce qui, dès le début, a pu être pour le gouvernement de Louis-Philippe une cause de déception. Il aura cru qu'il avait à gouverner la France dans le sens des plaintes ou des vœux qu'il avait vu se prononcer sous la restauration. En satisfaisant à ces vœux, en rendant justice à ces plaintes, il aura cru avoir rempli sa tâche ; mais ces vœux, au moment où ils se prononçaient, en couvraient d'autres qui ne se prononçaient pas ; ces plaintes, au moment où elles faisaient tant de bruit, en couvraient d'autres qui gardaient le silence. De nouveaux vœux et de nouvelles plaintes étant venus à éclater, ce n'était plus contre l'orage qui avait amené la révolution qu'on avait à s'élever, c'était contre la révolution devenue elle-même un orage, c'était contre la multitude et l'impétuosité des vents nouveaux qu'elle venait de déchaîner.

Dans cette situation, diriger le char de la monarchie n'était pas une chose facile.

Dans l'ancienne mythologie, il y a un Dieu qui dit à son fils, en lui confiant le char de la lumière : « Prends garde de t'élever trop haut ; tu mettrais » le feu à la voûte céleste. Prends garde aussi de » t'approcher trop près de la terre, tu l'embrase- » rais. Tiens un juste milieu : *Inter utrumque* » *tene.* »

Avant que l'opinion eût été déchaînée contre les doctrinaires, ces paroles toutes doctrinaires avaient eu assez de faveur. Au moment présent, elles n'en ont plus. Que Bonaparte fasse consumer une armée française dans les déserts de la Syrie, qu'il en fasse périr une autre dans les déserts glacés de la Russie, va pour celui-là. Il a abattu des trônes, et le nom de la France a rempli le monde; marchons comme lui contre tous les rois et contre toutes les nations de la terre; ne nous arrêtons que quand la terre elle-même nous manquera : *Sistimus hic tandem.*

Au dedans et au dehors, porter partout la guerre, je ne dirai pas que ce soit là la volonté positive de tous ceux dont le talent brille en ce moment dans les rangs de l'opposition; pour plusieurs, c'est une folie populaire qu'ils ne veulent pas adopter, mais qu'ils veulent pourtant caresser. Ils savent que c'est la pensée plus ou moins prononcée d'une multitude de jeunes gens ardens, de prolétaires sans existence, d'ambitieux déçus ou délaissés, qui, dans l'attente d'un grand bouleversement, sont à la suite des coryphées imprudens qui le préparent, comme les monstres de la mer sont à la suite d'un vaisseau dont ils prévoient le naufrage.

Cette situation dévoile le caractère de ce parti qui, dans les assemblées, ainsi que dans les feuilles publiques, se pavane du nom d'opposition; mais qui n'a de force que dans une autre opposition bien autrement ardente, quoique moins manifeste, qui résiste à tout ordre social établi. Par ce seul trait on peut le caractériser. La clameur qu'il fait retentir n'est pas dirigée contre Louis-Philippe, comme Louis-Philippe, mais comme voulant former un gouvernement régulier : dans ce cas, ministère Lafitte ou Lafayette, Guizot ou Casimir-Perrier, il n'importe, on n'en veut point.

En effet, sous ces gouvernemens réguliers, l'apprenti est averti qu'il n'est pas la même chose que le compagnon, le compagnon que le maître ; l'externe de l'Hôtel-Dieu sait qu'il n'est pas la même chose que l'interne, l'interne que le médecin ou le chirurgien en chef; il en est de même dans toutes les classes. Sous ces gouvernemens réguliers, il y a un ordre légal odieux qui protége tous les droits acquis, toutes les propriétés reconnues, toutes les situations faites. Dans ces gouvernemens réguliers, il y a pour toutes les émulations, pour tous les avancemens des règles tracées, des conditions imposées, au moyen desquelles on ne peut arriver qu'à un certain jour, à une certaine heure. Nous ne voulons pas de gouvernement régulier.

Il ne faut pas croire que cette situation appartienne en propre au moment présent. La France a eu à cet égard dans un autre temps une suite d'expériences décisives.

Lorsque dans l'assemblée constituante la révolution eut comme aujourd'hui donné l'essor à toutes les prétentions, le parti constitutionnel qui se forma aurait désiré donner au nouvel état de choses la forme d'un véritable gouvernement ;

il ne put y parvenir : les *constitutionnels* furent les *doctrinaires* de la révolution.

S'armant de toutes les plaintes qui s'élevaient contre les constitutionnels, lorsque le parti républicain fut parvenu à les renverser, encore qu'ils eussent, comme leurs prédécesseurs, à leur disposition toutes les forces de l'état, ils ne purent parvenir à donner à leur république la forme d'un gouvernement. Les girondins furent les *doctrinaires* de la république.

Renversés à leur tour par les hommes de la Montagne, et ceux-ci par d'autres, une inspiration soudaine fit croire aux coryphées du temps que le désordre de la France appartenait tout entier au vice d'une assemblée unique : voilà aussitôt un Conseil des Anciens imaginé et érigé avec un droit de contrôle à côté d'un conseil des Cinq-Cents. Cette fois le gouvernement ira. Il n'alla pas.

Il ne tient qu'à la France d'aujourd'hui de présenter si elle veut aux nations le même spectacle de vicissitudes et de misères. Un nouveau ministère Dumouriez peut succéder comme on voudra à un ministère Necker ; un ministère Roland à un ministère Dumouriez. Lorsque la France en grande majorité demandera d'une voix plaintive qu'on lui donne un gouvernement régulier, une multitude de voix avec un accent de fureur, crieront et s'opposeront à toute espèce de gouvernement.

C'est dans cette situation que se trouve le gouvernement de Louis-Philippe ; la difficulté de ce gouvernement consiste à vouloir faire dans la France d'aujourd'hui ce que le parti constitutionnel de l'Assemblée constituante a tenté et n'a pu faire ; ce que dans l'Assemblée législative et dans la Convention le parti girondin a entrepris de même et n'a pu effectuer ; ce que le Directoire a entrepris à son tour et n'a pu réaliser.

Bonaparte, qui s'est trouvé dans la même position, a eu plus de succès ; mais c'est en faisant passer toute la France dans les formes du gouvernement militaire. Il y a eu sous son règne un état armé plutôt qu'un état social. Louis XVIII et la restauration qui ont voulu remettre le pays sous un régime de liberté, obligés de frapper sans cesse tantôt à droite, tantôt à gauche, n'ont pu se conserver que par le mouvement de bascule dont j'ai parlé, et sous lequel l'état enfin a succombé.

Louis-Philippe ne pense sûrement à adopter ni les formes du gouvernement militaire, ni celles de la restauration ; il veut gouverner un pays libre établi sur des principes fixes. Il ne l'a pu jusqu'à présent. Il faut tâcher qu'il le puisse à l'avenir : c'est ce qui me reste à examiner.

<h2 style="text-align:center">§ II.</h2>

NÉCESSITÉ DE PRINCIPES FIXES UNIVERSELLEMENT ADOPTÉS.

Des principes fixes : c'est la condition essentielle de toute espèce de gouvernement. Gouverner ainsi, c'était déjà assez difficile sous l'ancien régime, où la France composant moins un Etat qu'une aggrégation d'Etats réunis à des époques diverses, avec des lois et des coutumes diverses, n'offrait d'ensemble et d'unité que dans le pouvoir politique. Alors toutefois, malgré ces variétés, comme il y avait des masses entières de conservées, on était à l'abri, tant bien que mal, sous ces pans d'un ancien grand édifice, qui n'étaient pas tout à fait démolis. Quand la révolution de 89 survint, lorsque les fragmens comme les masses tout eut été mis en pièces, dans ce chaos où les lois, les mœurs, les institutions anciennes furent moulues, les lois et les institutions nouvelles par lesquelles on voulut les remplacer, imaginées par ceux-ci, contestées par ceux-là, ne purent avoir d'autorité. Les constitutionnels avec toutes les forces de la nouvelle monarchie, les girondins avec toutes les forces de la nouvelle république, purent composer des armées ; ils ne purent composer une société.

Dans un temps tout d'événemens comme celui-ci, où on ne veut que des impressions, et où tout ce qui a l'air d'une pensée est fatigant, je me garderai de ce qui paraîtrait demander un peu de méditation. Cependant, Monsieur, comme au moment présent vous et vos collègues avez un peu de repos, et je présume aussi un peu de loisir ; d'un autre côté, comme élevé dans les classes au-dessus de la médiocrité, vous avez sûrement aussi de l'instruction, je me permettrai, à l'effet de montrer comment une société peut subsister et comment elle peut vivre, de vous rappeler comment pendant un grand nombre de siècles la France a subsisté et a vécu.

Et d'abord, Monsieur, la première impression que vous aurez éprouvée sera provenue probablement de ce respect profond que vous aurez pu remarquer dans nos anciens temps pour les coutumes. Selon le Code de la loi salique, une ancienne coutume, ou une loi, c'est la même chose (1). « Vous » me demandez, dit Suger, de faire emprisonner » arbitrairement des Français, je n'en ferai rien ; » ce n'est pas la coutume (2). » Lorsque la noblesse française demande qu'on mette en liberté des prisonniers faits à la bataille de Bouvine, lorsqu'elle ajoute que dans le royaume des Francs, nul ne peut être privé de ses droits sans le jugement de ses pairs, quel titre, quel code invoque-t-elle ? la COUTUME FRANÇAISE. *Petierunt è consuetudine gallicâ.* Ainsi la loi civile, la loi politique, les villes, les châteaux, les campagnes, tout est régi, dans ces anciens temps, non par le pouvoir, mais par la Coutume. Les réunions de province, opérées par effet de succession ou de conquête, sont toutes opérées à la condition de conserver les Coutumes du pays. *Jurayit se conservaturum consuetudines illius terræ.*

---

(1) *Vetus consuetudo pro lege tenetur.*
(2) *Neque enim Francorum mos est.*

Le respect pour les anciennes coutumes, les anciennes institutions, les anciennes lois, est un premier point de disparité qui se présente avec l'état moderne des sociétés. Il en est un autre qui n'est pas moins important ; c'est la condition où se trouvaient les classes inférieures. Je pourrais m'abstenir de parler de l'esclavage, institution misérable, en vertu de laquelle l'homme peut devenir la propriété d'un homme. Je ne la désigne ici que comme une facilité laissée au pouvoir qui n'avait pas alors à gouverner par les lois civiles et politiques une classe nombreuse rangée sous le régime domestique.

Je noterai après cela, dans le même sens, les clientelles ; les classes et les corporations. Ce que vous avez d'instruction, Monsieur, vous aura appris que ces corporations, ces maîtrises, ces jurandes, si odieuses aujourd'hui, n'ont été instituées ni par les seigneurs, comme quelques-uns le disent, ni par le pouvoir. Elles ont été formées dans le sens le plus libéral par les communes elles-mêmes, dans un temps où elles participaient, je ne dirai pas seulement à la liberté, mais en quelque sorte à la souveraineté. Toutes avaient chez elles droit de juridiction et de police ; plusieurs battaient monnaie, et avaient des milices.

Dans le point de vue sous lequel j'envisage cette question, il est inutile de rappeler les troubles et les déchiremens de ces anciens temps. Ces troubles appartiennent manifestement à un autre ordre de causes. Je n'ai à m'occuper ici, sous un rapport particulier, que du plus ou moins de facilité des administrations anciennes, en comparaison des administrations actuelles. Il suffit pour cela de considérer ces masses immenses de population dont les gouvernemens n'avaient pas à s'occuper, et qui aujourd'hui compliquent les administrations, et leur donnent des difficultés.

Sous l'ancien régime, ainsi que sous Bonaparte, ces difficultés ont été réglées, contenues, comprimées par le despotisme.

Sous la restauration, lorsque, par l'effet de la liberté politique, l'ancienne anarchie eut repris l'essor, le Gouvernement, obligé de frapper sans cesse, tantôt à droite, tantôt à gauche, a éprouvé de grands embarras.

Sous le règne de Louis-Philippe, lorsqu'à la suite des événemens de juillet, la même anarchie a acquis une plus grande énergie, un état d'émeutes comprimé sans cesse et se reproduisant sans cesse, n'a cessé de harceler le Gouvernement.

C'est cet état de choses que j'ai voulu expliquer; c'est cet état que, sous tous les rapports, il faut faire cesser : il durera tant que le fonds d'anarchie d'où il émane sera conservé; il disparaîtra quand ce fonds aura disparu.

Dieu me préserve de vouloir contester en rien les avantages de la victoire du 6 juin! elle a sauvé la France du danger du moment. Ce serait se tromper que de lui voir un effet au delà de ce moment. La révolution, dans son cours, a eu assez de victoires; victoire de Louis XVI, dans l'affaire de Réveillon; victoire de M. de Lafayette et de M. Bailly dans l'affaire du Champ-de-Mars; victoire du Directoire en fructidor; victoire de la Vendée contre la République, victoire de la République contre la Vendée. Les victoires peuvent offrir quelquefois de grands résultats; c'est lorsque l'anarchie est seulement dans l'état politique, et que les mœurs, les les lois, les institutions civiles sont hors des débats; mais lorsque l'anarchie est partout, c'est s'abuser de penser que les victoires d'un parti contre un autre parti amèneront une solution.

La victoire du 6 juin, qui a laissé de grands avantages, a été assez disputée pour faire comprendre la possibilité d'une défaite. Examinons les suites qu'aurait eues cette défaite.

Je conviens qu'il y avait une grande division dans l'armée vaincue : Carlistes, Bonapartistes, Républicains de toute couleur et de toute espèce, Jacobins de 89, Jacobins de 93, ambitieux de pouvoir, ambitieux de richesses; je sais que tout cela n'avait ni accord, ni ensemble : pourtant ces partis ou fractions de parti, animés de destruction, faibles agissant séparément, forts réunis, forts surtout par l'intensité de force que donne toujours l'exaltation, ont pu pendant quelques momens se trouver redoutables. Dans une maison de fous, tous n'ont certainement ni la même maladie, ni le même délire. Cependant si, à un moment donné, tous ces malades ayant par diverses causes le transport au cerveau, viennent à réunir leurs fureurs contre leurs gardiens, on prévoit ce qui en résultera. Heureusement et pour eux et pour nous, les fous du 6 juin n'ont pas été vainqueurs.

On dit quelquefois : Malheur aux vaincus ! En beaucoup de circonstances, ce sont les vaincus qu'on pourrait féliciter. Supposons un moment la victoire à cette tourbe; une partie présentera les aigles de Bonaparte avec leurs serres; une autre partie, les emblèmes de la république et de la souveraineté du peuple; une autre partie, le drapeau blanc, réputé emblème du despotisme et du droit divin. Pendant le combat, tout cela peut aller; il n'y a alors de pensée et de regard que vers l'ennemi. Après la victoire, lorsque d'un côté on entend le cri de vive Napoléon ! d'un autre côté vive la République ! d'un autre côté, vive la légitimité ! croit-on que l'ancien accord qui a rassemblé les partis subsistera ?

Sur ce cri même de légitimité, quelle légitimité demandera celui-ci? est-ce celle de Henri V, est-ce celle de Charles X dont l'abdication est évidemment nulle ? est-ce celle du duc d'Angoulême, qui s'est constitué à ce que l'on assure Louis XIX ?

Il en sera de même pour la constitution : celle de 1814 et la monarchie selon la charte, crieront les bataillons de la Quotidienne ! Non; la constitution de quatorze siècles, crieront les bataillons de la Gazette de France avec les assemblées primaires et six millions de votans ! Au premier moment, tout cela s'observera; le moment d'après, tout cela se battra. Mais alors voici revenir les bataillons de Louis-Philippe un moment dispersés, mais non pas détruits, criant à leur tour : Vive la révolution de juillet! vive la constitution de 1830! et se remettant en bataille. Pendant ces beaux débats et ceux qui suivront, qui payera les impôts? qui acquittera la dette publique? qui remplira les charges de l'administration et celles de la magistrature? que deviendront les propriétés foulées tour à tour par les vainqueurs et par les vaincus? que deviendra l'ordre public? que deviendra la société entière?

La pensée de beaucoup d'honnêtes gens semble se concentrer dans ce seul point, préserver le gouvernement d'une défaite. Elle ne va pas assez loin; il faut le préserver d'un combat. Il faut comprendre comment une victoire peut être malheureuse pour lui comme pour nous.

Et d'abord, la première conséquence qui ressortira toujours d'une victoire de la part du gouvernement, surtout lorsque, comme dans le cas présent, elle aura été accompagnée d'un grand danger, sera si probablement une dictature, ou tout au moins une suspension de l'ordre légal, qu'il est impossible à un véritable citoyen de ne pas en éprouver quelque alarme.

Pour peu qu'on observe soit l'histoire des nations, soit la nature des choses, on est convaincu que si la dictature peut être favorable à la liberté, quelquefois nécessaire au salut public, c'est lors-

qu'elle est établie avec méditation , en simple prévision de troubles qui n'ont pas encore éclaté. L'Angleterre a ainsi ses suspensions de l'*habeas corpus;*
Rome a eu ses *videant consules ;* elle a pu sans
risque mettre un voile sur la statue de la liberté.
Mais les troubles une fois élevés , les partis s'étant
mis en bataille rangée , si la victoire a pu , dans ce
cas, profiter au salut public, il est arrivé assez souvent qu'elle a emporté la perte des libertés. Lorsqu'un gouvernement aux prises avec un parti puis-
sant aura été obligé , pour se défendre , de prendre
les armes et de livrer son existence au sort d'une
bataille , il est probable que le lendemain de la victoire il sera peu empressé à déposer les armes : auprès d'un parti défait, mais non pas abattu , il n'ira
pas se remettre aux chances d'une nouvelle crise et
d'un nouveau combat.

La nation n'y sera peut-être pas plus disposée
que le gouvernement ; quelque goût de liberté
qu'elle puisse avoir, un sentiment plus vif porte
tous les citoyens à la sécurité. Une partie considé-
rable repousse un état de choses où il n'y a plus de
protection, plus d'ordre assuré , où tout est en
proie aux factions , où tout est livré à la merci de
l'avenir et des événemens. Dans de telles circonstances , des nations ont été vues redemander le
despotisme avec la même ardeur qu'elles avaient
mise quelque temps auparavant à demander la liberté..

Une victoire de la part de l'anarchie serait une

chose malheureuse. Une victoire de la part du gouvernement peut devenir funeste. Plus de combat, s'il est possible, plus de victoire ; et par cela même anéantissons le fonds d'anarchie et de discorde d'où sortent les victoires et les combats.

Encore qu'on n'ait cessé de lui faire des reproches, la volonté du gouvernement de Louis-Philippe a été de combiner, comme dit Tacite, *principatum et libertatem*, c'est-à-dire, de former un gouvernement libre et régulier. Toutefois, pour s'établir ainsi, il faut que les choses qu'on a à gouverner soient elles-mêmes dans un mode régulier, c'est-à-dire, qu'elles appartiennent à des principes fixes.

Ce n'est pas tout d'avoir dans un état des lois civiles ; ce n'est pas tout d'avoir de bonnes lois criminelles : les lois civiles sont principalement des règles d'ordre ; elles ne font pas précisément l'équité, elles la montrent. L'équité est supposée préexister dans les cœurs et dans les consciences. On dit des magistrats qu'ils *rendent* la justice ; on ne dit pas qu'ils la *font*. Les lois criminelles par là même semblent s'appliquer à des cas d'exception ; elles supposent préalablement la honte du crime et un système de moralité. Dans un pays où, comme dans une partie de l'Italie, il y aurait de l'honneur à être voleur de grand chemin ; dans un pays où assassiner serait regardé comme un acte de courage ; dans un pays composé de manière à ce que, pour le maintien de la loi, on n'aurait que des emprisonnemens à temps et quelques amendes, et où ces emprisonnemens et ces amendes, au lieu d'être un objet de honte, seraient un sujet d'honneur, en présence d'un état de choses aussi irrégulier et aussi désordonné, un gouvernement qui n'aurait pour lui que les formes empesées de l'ordre légal, aurait souvent à se rappeler cet apophtegme de Cicéron : *Quid leges sine moribus vanæ proficiunt !*

Dans l'état ordinaire, lorsque le pays est gouverné par les lois, et encore par des principes fixes et par des mœurs qui ont un grand empire, la force du gouvernement, qui en général doit être toute morale, est immense. Elle se prend dans les assemblées législatives, sources et interprètes de la loi ; elle se prend dans la magistrature, dans toutes les parties de l'administration composée d'hommes accoutumés aux affaires, ayant l'expérience et la pratique des choses humaines ; elle se prend dans le corps des propriétaires, dans la masse immense de ceux qui, par leur situation, leur vacation, leur profession, tiennent à la conservation et à la stabilité des choses. Dans les temps ordinaires, lorsque le délire n'est que passager, ces moyens, aidés de quelque force matérielle, sont suffisans, quelquefois même surabondans. Mais lorsque le délire, accompagné d'une fièvre continue avec redoublement, est devenu un état habituel ; lorsque tout le corps moral de la société assailli, comme le gouvernement, ne sait où se ranger ; lorsque les propriétaires du sol, masse tranquille et casa-

nière qui s'attend toujours à être protégée par l'état,
sont appelés au contraire à le défendre, tout étonnés
de cette interversion de choses où l'état destiné à
défendre les citoyens, a besoin au contraire des
citoyens pour se défendre, la société alors ne sait
plus où elle en est ; le gouvernement est dans la
même situation. Sans appui du côté des forces morales, obligé de se réfugier sans cesse dans les forces
matérielles, c'est en vain que, comme les gouvernemens de la révolution , il voudrait se crampon-
ner à un ordre légal sans vie et sans racines ; pré-
dire que dans cette position , il y sera sans cesse
attaqué , à la fin renversé , c'est une conséquence
si facile à déduire , que la prévision ne peut avoir
dans ce cas l'honneur d'une prophétie.

Rétablir les forces morales du gouvernement ,
élément et aliment nécessaire des forces matérielles ;
de ranimer et, s'il le faut, donner de l'exaltation au
grand corps de propriétaires et de toute la masse
nationale disposée à la conservation ; fixer les principes de conservation , et , par là, laisser sans espé-
rance l'esprit de désordre ; tenir en crainte la force
de passion et de délire appartenant aux ambitions
et aux folies ; ne pas se contenter, comme on a fait
jusqu'à présent, de combattre les émeutes dans la
rue ; savoir pénétrer dans le foyer et dans le labo-
ratoire de ces émeutes, c'est-à-dire, dans le sein
même d'une certaine opposition ; mettre en lumière
l'hypocrisie familière à cette espèce d'opposition ,
sont des mesures indispensables.

Je viens de nommer l'opposition. Elle se vante de ne point participer à des complots ; nous le savons, elle se contente de les animer ; elle ne va point au combat au moment du combat, mais seulement après la victoire, pour partager le butin. Dans les rangs de cette opposition, je ne conteste point qu'il se trouve des hommes généreux. César fut grand aussi et généreux : il n'eût point assassiné Pompée ; mais quand il eut appris sa mort,

> Une secrète joie en son cœur s'élevait,
> Dont sa gloire indignée à peine le sauvait.
>
> (Corneille.)

Telles eussent été, je n'en doute pas, après une victoire remportée contre Louis-Philippe au 6 juin, les dispositions secrètes de ce qu'on connaît de plus généreux parmi les coryphées de l'opposition.

Pour anéantir ce mauvais esprit, pour faire cesser l'anarchie morale et politique que cette opposition entretient, et dont elle s'appuie, préciser le sens des événemens de juillet ; préciser le gouvernement qui en est émané ; désigner son objet, son but, sa tendance ; désigner de même le caractère de la liberté telle que la France l'entend et la désire ; appeller à cette reconnaissance de principes tous les corps de l'état, toutes les forces morales et intellectuelles, tous les intérêts de droit et de raison ; c'est ce que je vote, c'est ce que je propose, comme seul moyen d'affermir notre sol tremblant et de prévenir une longue suite de catastrophes.

§ III.

Formule et projet de pétition a présenter aux deux chambres a la prochaine session.

Un fonds d'anarchie émané de la révolution de 89, laquelle a bouleversé la France ; anarchie que n'ont pu dompter avec tous leurs talens, ni le parti de la monarchie constitutionelle, ni le parti girondin de la république, ni la nouvelle formation du corps législatif en deux chambres ; anarchie qui à une époque a pu être comprimée par la terreur, à une autre époque par le despotisme de Bonaparte ; qui sous la restauration n'a pu être contenue qu'en frappant sans cesse à droite et à gauche ; cette anarchie de 1789, ranimée et en quelque sorte ravivée par les événemens de juillet ; cette anarchie, foyer de troubles, obstacles constans à l'établissement de tout gouvernement régulier et qu'il faut absolument faire cesser, ne peut disparaître par le seul vœu qui serait prononcé niaisement, comme on le faisait à l'assemblée constituante, *d'union entre les Français, d'oubli du passé et de tranquillité générale.* Cette anarchie toute dans les esprits, source de toutes les fausses espérances, de toutes les absurdes ambitions, de toutes les violentes tentatives, ne peut cesser qu'en fixant une fois avec précision pour les membres du corps législatifs, pour ceux de l'administration, pour les juges, pour les jurés, pour l'instruction publique, pour les écoles, pour la presse elle-même, les bases du gouvernement de la France, et tous les élémens de foi politique qui s'y rattachent.

. Et d'abord ce qui se présente en première ligne, comme chef ou tête de l'état, c'est le roi, c'est l'origine de son élévation au trône, et par conséquent le caractère des événemens de juillet; ce qu'il faut penser de l'abdication de Charles X et du duc d'Angoulême, de l'appel qui a été fait de M. le duc de Bordeaux à la couronne, sous la lieutenance générale de M. le duc d'Orléans, sera un des premiers objets de votre attention. Vous aurez, Monsieur, à examiner la validité légale de ces actes; vous aurez à examiner aussi ce qu'il faut penser de la légitimité.

. Pour ce qui me concerne, je déclare que j'adopte le principe de toutes les légitimités. Toutefois, dans ce principe même, vous aurez à examiner si la légitimité est par sa nature une chose impérissable, et ensuite comment elle peut périr. Si, par exemple, une légitimité se met à attaquer une autre légitimité, si le conflit s'établit entre elles comme entre deux puissances belligérantes, placées une fois en état de guerre, ne croirez-vous pas qu'elles ont dès lors à subir l'une envers l'autre le droit d'égalité et de réciprocité qui y est attaché. S'il est constant que Charles X, au moyen des ordonnances de juillet, ait fait une entreprise sur les libertés LÉGITIMES de la France; s'il est constant qu'à la suite de la prise d'armes qui a eu lieu des deux côtés, Charles X, ait été vaincu, lui, son fils et son petit-fils expulsés et obligés d'avoir recours à un sauf-conduit pour sortir du territoire, ne se trouvera-t-il pas que, par le fait et par le droit, le trône légitime sera devenu vacant? En vertu de l'ancienne loi de la France, vous penserez sans doute qu'il a dû alors appartenir à Louis-Philippe d'Orléans, comme plus prochain héritier de la couronne. Que signifient après cela les mots qu'on a fait si souvent retentir, d'élection populaire et de monarchie élective? Dans le fait, cette élection n'a pas eu lieu; dans le droit, il ne pouvait en être question.

Il n'y a point à contester que l'accession de Louis-Philippe n'ait été consacrée par les deux chambres, ainsi que par le corps de la nation ; on peut ajouter encore qu'elle a été désirée, sollicitée par les citoyens : ce vœu de tout le peuple français peut être rappelé chaque jour comme assentiment, et aussi dans des formes de courtoisie. Il faut se garder de lui donner un autre caractère. Un homme qui a gagné son procès à une Cour royale, peut remercier ses juges ; il peut dire même qu'ils lui ont conféré un bienfait; dans le fait, les juges n'ont pas créé son droit, ils n'ont fait que le reconnaître.

Telle a été, lors de la vacance du trône effectuée à la suite des combats de juillet, le droit de Philippe d'Orléans en vertu de la loi d'hérédité; droit non créé par élection, mais reconnu par les adhésions de toute la France et le serment de toutes les autorités.

L'origine et le caractère des événemens de juillet

une fois fixés, les circonstances de l'accession et de l'élévation de Louis-Philippe une fois précisées, vous aurez sans doute, Monsieur, à vous occuper de la nature de son gouvernement. De tout temps la loi s'est faite en France par l'établissement du Roi et le consentement du peuple. *Lex fit consensu populi et constitutione regis.*

La grande souveraineté royale n'a pas seulement appelé à son aide pour le gouvernement ce qu'il y avait de sagesse et de lumière dans le corps de la nation, mais encore pour les dépenses publiques l'aide de cette autre petite souveraineté citoyenne qui se compose de la propriété. Des plaintes sur les abus, des demandes en amélioration ou redressement ont de tout temps fait partie de notre droit public. C'est en ce sens et dans un point de vue purement idéal, qu'une sorte de souveraineté du peuple s'annexe en France à la souveraineté royale. Dans la réalité le peuple et le Roi ne peuvent jamais être séparés, et c'est ce qu'expliquent très-bien les lois romaines, quand elles déclarent que par le mot peuple, il faut entendre non-seulement la multitude vague des citoyens, *mais toujours en première ligne le prince et le sénat.*

Pour composer, sous le rapport de la sagesse et de la propriété, la représentation dont le concours est nécessaire au gouvernement du souverain, ce n'est pas la population entière qui peut être appelée. Dans les temps anciens, où une partie de la population était sous les liens de la servitude, ou sous ceux de diverses clientèles, une exclusion eut lieu par le seul effet de la nature des choses : *Plebs nulli adhibetur consilio.*

Dans les temps modernes, où par l'effet d'une autre nature de choses, les pauvres de biens comme les pauvres de lumières sont réputés avoir peu ou point de capacité pour les affaires, la même exclusion s'effectue par une simple impulsion du bon sens. Que serait un droit d'élection attribué à celui qui n'ayant par son éducation aucune instruction, par sa position aucune existence propre, aurait à influer sur les droits et sur l'existence des autres ?

Ce n'est pas le seul exemple, où les choses se font ainsi par l'impulsion du bon sens, et, comme le disait l'antiquité, *in fiduciá morum*; à chaque élection d'une chambre des députés qui nécessite une vérification des pouvoirs, par qui se fait cette vérification ? Est-ce par une assemblée légalement constituée? Nullement. C'est par un rassemblement de personnages notables assurément, mais qui n'ont encore aucun caractère reconnu. Cette assemblée n'en juge pas moins souverainement de la validité ou de l'invalidité des choix ; je n'ai jamais entendu dire, en point de forme, que ses jugemens aient été contestés.

Après avoir fixé les bases du gouvernement sur l'ensemble de la nation, on arrive à son application spéciale aux différentes localités : là se montrent de nouvelles difficultés.

A la suite des désordres révolutionnaires, la nécessité de fixer à la tête de l'état une grande concentration de pouvoirs avait été tellement reconnue, que pendant long-temps elle n'a été l'objet d'aucune plainte. Se portant sur les erremens de l'empire, et les suivant avec ponctualité, la restauration avait regardé comme une des premières prérogatives de la couronne, de tout gouverner par elle-même. On conçoit un droit de surveillance : il appartient à l'œil qui est à la sommité de l'état. Point du tout, c'est la surveillance qu'on avait bien voulu laisser aux administrations locales ; l'action devait venir de loin et d'en haut. La souveraineté avait la bonté de se charger, dans les localités, de toutes nos affaires de ménage ; jusqu'à des affaires domestiques, de marguillerie et de fabrique, rien n'échappait à ses soins. Il n'est pas nécessaire de remarquer combien cet état de choses est vicieux : il a donné lieu, dans la capitale, à une vaste, immense, je pourrais dire gigantesque organisation de bureaux.

Tout exagérée que soit cette organisation, avec ses difformités, elle mérite des ménagemens. Si, comme le veulent quelques théoriciens ardens, on venait à rompre précipitamment cet ordre de choses ; sous prétexte de rendre aux départemens et aux communes l'action administrative qui leur appartient, si on venait tout à coup à en priver le centre actuel d'où elle émane, l'action de l'état étant au premier abord paralysée, et l'administration locale n'étant pas encore organisée, il pourrait y avoir tout à coup une cessation, ou du moins une interruption funeste de mouvemens.

Dans cet ordre de choses, l'élection, qui est l'objet de beaucoup de vœux, n'aurait peut-être pas, telle qu'on l'entend, les effets heureux qu'on s'en promet. Une certaine popularité portant aux affaires des hommes qui n'en ont point l'expérience, y causerait naturellement le désordre. Ce serait pis si cette élection paraissait ressortir, comme on affecte de l'annoncer, du principe de la souveraineté du peuple ; principe d'agitation souvent et de désordre pour la masse, et qu'il est inutile de multiplier et d'attiser encore dans les localités.

En pesant bien ces observations et se tenant sur ses gardes relativement à leurs conséquences, on peut arriver à considérer sans risque ce qu'il y a de réellement désastreux dans le système actuel de centralisation. Dans ce système, s'il y a quelque avantage d'orgueil pour le pouvoir, en ce que de cette manière, au près comme au loin, tout est dans sa main, il y a pour lui-même un grand désavantage; 1°. en ce que n'ayant nulle autre part d'appui et de support que dans les chambres, il se trouve entièrement à leur discrétion; 2°. en ce que la sphère politique étant la seule carrière ouverte, tout ce qu'il y a d'activité dans un état s'y porte tumultueusement et y cause le trouble ; 3°. en ce que cette activité même n'ayant pas été préparée d'avance aux affaires générales par la pratique des affaires locales, il peut n'arriver de toutes les parties du royaume, aux assemblées, que des hommes nouveaux, gonflés de prétentions et d'ignorance.

Si ces vues ont quelque justesse, vous aurez à considérer, Monsieur, s'il ne faut pas s'occuper à recomposer les municipalités et les conseils de département, et comment vous devez les recomposer; vous aurez à examiner si tout ce qui est du ressort de l'administration, étant un apanage de l'autorité, et comme une dépendance de sa nature, sa formation, encore qu'elle soit prise par élection dans la masse des propriétaires, ne doit pas avoir son principe dans un acte et une attribution positive de l'autorité.

Sans doute il faut soigner et conserver avec zèle, peut-être même avec quelque jalousie, l'action de l'autorité dans les affaires générales; mais les affaires de localités, affaires de toutes les petites patries qui nous ont donné naissance, avec lesquelles nous avons des rapports habituels, et dont les affections se coordonnent si bien avec les affections que nous devons à la grande patrie, ces affaires de localités, vous comprendrez que sous la surveillance de la grande autorité, leur administration spéciale doit être confiée de préférence aux petites autorités. En tout, c'est sûrement avec précaution et avec grande prudence que nous devons procéder à la décentralisation; mais je crois que nécessairement et absolument nous devons y procéder.

Un objet qui mérite au plus haut degré votre attention, est, selon moi, Monsieur, l'établissement de la garde nationale. Lors des événemens de juillet, la crainte d'une nouvelle coalition des puissances dans des vues antirévolutionnaires, la crainte de quelque débordement des classes inférieures, dans un moment où la force publique ordinaire était meurtrie, et en partie paralysée, ont pu donner lieu à une création fort bien entendue d'une grande partie de la population armée.

Cette institution a rendu de grands services; mais des bienfaits du moment ne doivent pas aveugler sur les dangers de l'avenir. C'est toujours une chose très-grave d'armer à la fois tout un peuple. Cet armement, qui se fait souvent à cause des dissensions, peut, si on n'y prend garde, entrer dans ces dissensions. Ce qui s'est passé à Grenoble et à Lyon fait voir que cette institution peut présenter des dangers aussi-bien que des services. En dernier lieu, si ce qui s'est passé dans ces deux villes avait eu lieu à Paris, si le Roi et le chef de la force armée avaient été détenus et à la discrétion des factieux, on imagine d'avance l'attitude qu'aurait prise l'opposition dans l'assemblée, et les conséquences qu'aurait amenées cette attitude.

J'ai actuellement à vous parler de l'Université et de l'instruction publique. Dans nos circonstances actuelles, une des premières nécessités qui se présente à mon esprit est celle d'un grand corps d'enseignement. Ce que l'institution de l'Université, et en général des sociétés savantes, a valu de gloire à la France, j'oserai dire de supériorité au milieu des nations civilisées, est au-dessus de ce que je pourrais exprimer. L'universalité presque établie de la langue française, conquérant débonnaire qui a pénétré et presque envahi les nations, est sur ce point un témoin irrécusable.

La liberté indéfinie qu'on dit appartenir à cet égard à tout père de famille, ne s'applique en aucune manière à cette question. Tout ainsi que l'empire de la municipalité ne passe pas son enceinte, l'empire de la maison n'en passe pas le seuil. Que le père de famille gouverne chez lui et fasse élever chez lui ses enfans, comme il l'entendra. Mais du moment qu'il voudra entrer en association avec d'autres pères de famille, pour donner à leurs enfans un enseignement en commun, l'Etat doit porter à cette association, non-seulement une surveillance banale de police à l'effet d'éloigner les vices ou les abus, il doit y porter d'une manière spéciale un regard de patrie en faveur des intérêts de patrie.

Et d'abord, tout ainsi que par rapport aux individus, il y a quelque honneur, même quelque importance à conserver avec fidélité son propre caractère, vous examinerez s'il n'y a pas de même un honneur et une importance pour une nation de conserver auprès des autres nations l'esprit et le caractère qui la distinguent : ce qui ne se présente ici que d'une manière vague, prend une teinte tout à fait spéciale pour une nation qui, au milieu de beaucoup d'autres vouées à la servitude, s'est consacrée, elle, à la liberté.

Une autre considération rend plus nécessaire en France l'existence d'un grand corps d'enseignement; c'est la présence d'un autre corps d'enseignement qui appartient au clergé. Relativement aux avantages qu'aura toujours cette dernière espèce d'enseignement, il ne faut pas se faire illusion. Cet avantage est réel, il est immense. Lorsque vingt-cinq à vingt-six millions de croyans sont déjà circonvenus dès l'enfance pour l'instruction des dogmes religieux, on peut comprendre la facilité qui se présentera pour donner une suite à cette première instruction.

On peut remarquer à cet égard de bonnes comme de fâcheuses impressions. Chez certains pères de famille, l'opposition aux prétentions du clergé pourra provenir d'un sentiment raisonnable. Ce sentiment peut porter à croire que, comme les choses du *siècle* sont gouvernées généralement par les hommes du *siècle*, c'est aux mêmes hommes que doit être confiée exclusivement l'éducation sociale. Quelquefois cette opposition aura sa source dans la haine pour les hommes religieux et dans le mépris pour les choses religieuses : disposition malheureuse, déraisonnable, que je ne puis assez déplorer, et dont le *parti-prêtre* a tiré malheureusement avantage.

Que le christianisme, entendu et présenté comme

il l'est quelquefois sous ses plus mauvaises faces,
ait des dangers pour une société, et spécialement
pour la société française telle qu'elle est composée
aujourd'hui; ce n'est pas ce que je prétends contester. La portion du clergé à qui on pourrait faire
ce reproche, il faut soigneusement l'écarter; une
autre portion, toute de piété et de charité, bien
différente de celle-là, il faut la soigner, la res-
pecter; et pourtant aussi-bien que l'autre, et peut-
être plus que l'autre, il faut encore l'écarter.

Aussitôt qu'on parle d'éloigner les prêtres, soit
de l'instruction, soit de toute autre participation
aux choses civiles, il semble à certaines personnes
que ce soit par un esprit de malveillance, ou à cause
du peu d'estime qu'on en fait; c'est quelquefois par
un sentiment de respect, et aussi à raison de leur
juste importance. Il faut, tant qu'on peut, ne laisser aucune influence au vice; il faut prendre garde
d'en laisser prendre une démesurée à la vertu. Dans
ce principe, plusieurs ordres religieux, nommé-
ment l'ordre des chevaliers de Malte, avaient pour
première maxime, dans leurs statuts, d'éloigner
les prêtres de toute participation à leurs affaires.

Il est facile de comprendre l'influence qui, par
la nature des choses, appartient aux ministres de
la religion : premiers directeurs de l'enfance, à
raison des préparations à la première communion;
directeurs ensuite de l'âge mûr, comme régulateurs
de la conscience et dispensateurs des grâces religieuses. Ce n'est pas tout : la plus grande partie de

la société, principalement les femmes, sont et demeurent sous leur empire. Au premier moment de leur arrivée dans nos villes de province, on a entendu les missionnaires dire avec franchise : *Toutes les femmes sont à nous.* Anciennement, à la cour, cette prépondérance n'était pas moins marquante.

On ne peut s'imaginer à quel point les princes de la terre sont disposés à sympathiser avec les hommes du ciel : ils en sont souvent victimes ; ils les recherchent toujours. Des hommes d'en-haut, des anges qui veulent bien s'abaisser jusqu'à parler de leur obéissance à de pauvres potentats qui vont bientôt s'agenouiller devant eux pour se faire absoudre de leurs fautes, comment n'être pas ému à leur aspect ! Aussi était-ce une chose curieuse à la cour de Charles X, même à celle de Louis XVIII, de voir l'accueil qui leur était fait ! Un grand et vieux magistrat, un vieux et célèbre général se présentaient-ils, ils étaient reçus avec dignité, quelquefois avec sécheresse. Mais un évêque, un prince de l'Eglise ! on ne croyait jamais avoir pour eux assez de grâce. C'est que le salut d'un général n'est jamais que la soumission d'un sujet ; celui d'un évêque est la soumission d'un égal, ou d'un rival.

Sous la restauration, la France était tombée dans les prêtres : c'est en grande partie par l'effet de la force de l'enseignement ; si la France n'est pas défendue par un autre corps d'enseignement, lequel, vigoureusement constitué, s'emparera exclusivement des lettres, des sciences et des arts, et lui servira de boulevart contre les empiétemens continus de l'enseignement religieux, elle y tombera de nouveau.

Ce n'est pas sur ce seul point que la société a à prendre des précautions.

Ce qui se présente en première ligne dans la question religieuse, c'est la distinction dans l'état de deux puissances, l'une appelée spirituelle, l'autre appelée temporelle : distinction qui suppose elle-même une distinction correspondante de deux espèces de sujets, les uns appelés *chrétiens*, et les autres *citoyens*. Entre ces deux puissances, à raison de leur rapprochement habituel, qu'il se soit élevé des conflits, c'est facile à concevoir. Dans l'assemblée de 1682, Louis XIV se fit expédier, pour sa propre indépendance comme monarque, une espèce de grande charte rédigée par Bossuet. Tout ainsi qu'à cette époque les droits des sujets appelés citoyens étaient livrés à l'arbitraire du monarque, les droits des sujets appelés chrétiens furent et restèrent livrés à l'arbitraire du prêtre. Le parlement qui, en qualité de sujet chrétien, prenait intérêt aux libertés chrétiennes, voulut faire quelque tentative en leur faveur. Il fut continuellement repoussé ; lorsqu'il insista, persécuté.

Lors du concordat, Bonaparte, qui voulait se rendre populaire, inséra des stipulations favorables qui furent peu exécutées. Sous la restauration elles le furent bien moins encore. Dès ce moment la puissance spirituelle offrit dans toute la France un débordement d'excès. Sous prétexte de droit de police dans les églises, des apostrophes, des injonctions ridicules, des sévices, des hommes battus et soufiletés, des femmes insultées, chassées, leurs vêtemens déchirés : sous d'autres prétextes, des refus de baptême, de communion, de sépulture; des sermons pleins d'insolence, des mandemens déplacés; tout cet ensemble de méfaits rendit odieuse la religion qui les occasionait, et le gouvernement qui les favorisait.

A l'égard du Gouvernement de Louis-Philippe, je ne puis dire qu'il ait fait à cet égard tout ce qui est à faire. Je sens que pour des petits intérêts religieux, ou des affaires de police d'église, il lui est pénible de s'engager dans des débats redoutables avec une puissance redoutable. A la fin, pourtant, il faudra qu'il prenne un parti.

Ce parti me paraît nécessaire, pour nous comme liberté, pour lui comme puissance.

Tout ainsi que les puissances dont le territoire nous avoisine sont disposées quelquefois à des envahissemens, envahissemens que nous devons non-seulement repousser quand ils s'opèrent, mais encore prévenir autant que possible, pour les empêcher de s'opérer, de même nous devons prendre des précautions contre les prétentions et les envahissemens de la puissance spirituelle. Elle nous fait ou nous fera sans doute des protestations très-amicales. Aujourd'hui l'Autriche, la Prusse, la Bavière, nous en font aussi. Cela n'empêche pas que nous n'ayions, sur tous les points susceptibles d'agression, des postes armés et des places fortes. Malgré les protestations amicales de la puissance spirituelle, comme son territoire confronte et limite de toutes parts celui de nos intérêts temporels, le gouvernement ne peut se dispenser d'avoir aussi de son côté des postes et des places fortes. C'est en cela même que les libertés chrétiennes défendues par le Gouvernement deviendront pour lui un rempart.

A cet égard, je sais combien toute apparence de code nouveau et de constitutions nouvelles pourrait offrir de difficultés. Le parti que je propose n'en offre aucune. La loi que j'invoque, et dont je demande seulement l'exécution, se trouve toute faite dans l'article 106 du sénatus-consulte organique de l'an 10. Il y est dit :

« Il y aura recours au conseil d'état, dans tous
» les cas d'abus de la part des supérieurs et autres
» personnes ecclésiastiques. Dans les cas d'abus est
» compris l'attentat aux libertés, franchises et cou-
» tumes de l'Eglise gallicane. » Cette disposition est bonne : c'est une partie toute d'intérêt d'état qui doit être laissée au conseil d'état. Il est ajouté :

« Et toute entreprise ou tout procédé qui, dans
» l'exercice du culte, peut compromettre l'hon-
» neur des citoyens, troubler arbitrairement leur

» conscience, dégénérer contre eux en oppression,
» en injure ou scandale public. »

Cette stipulation est parfaite : je demanderai seulement que, comme point contentieux de droits ou d'intérêts individuels, cette partie soit portée désormais devant les juges ordinaires.

Je n'aurais pas rempli toute la tâche que je me suis imposée, si, après avoir exposé comme base fondamentale ce qui m'a paru être les principes constitutifs de notre état actuel social, principes qui désormais ne devraient être livrés ni à une discussion, ni à une contestation, j'omettais de m'expliquer sur un des points le plus important de cet article social ; je veux parler de la liberté de la presse telle qu'elle a été décrétée par l'assemblée constituante, confirmée par les deux chartes de 1814 et de 1830.

Et d'abord, à l'égard de cette liberté, il me semble qu'il est plusieurs points qu'elle ne doit jamais atteindre. C'est, en premier lieu, les principes réputés fondamentaux du gouvernement établi. Au plus haut période de leur prétention au despotisme, nos lois se déclaraient dans l'heureuse impuissance de toucher aux lois fondamentales ; la presse, avec toutes ses libertés, ne peut prétendre à plus d'avantage. En Angleterre, pays depuis long-temps supposé classique en fait de liberté, la presse n'oserait y parler ni de république, ni de pouvoir absolu, ni de droit divin. Pendant le séjour que j'y ai fait, j'ai été témoin de plusieurs procès intentés en ce genre, entr'autres, à la requête même de la Chambre des communes, contre un des hommes les plus honorables de ce pays ; je puis le nommer, M. *Reeves*.

La licence actuelle de la presse est d'un scandale devenu intolérable en beaucoup de points. Il en est un surtout qui passe tellement les bornes, qu'il n'est cœur de Français qui n'en soit révolté : c'est à l'égard du respect dû au roi. Ce respect est consacré chez tous les peuples, non-seulement par des motifs de convenance envers la première autorité de l'état, mais aussi sous le rapport du patriotisme envers le roi, *chef* et *tête* de la patrie. Sous ce rapport, des injures au roi sont des injures à toute la France. Peu importe que ces injures soient plus ou moins déguisées ; tout ce qui attaque la personne royale est de soi un blasphème. Sous le rapport de la famille, quel est l'enfant qui endurerait les outrages faits à son père ? Sous le rapport de la religion, qui endurerait des injures adressées à Dieu? Sous le rapport du culte, même superstitieux, qui pourrait autoriser les outrages faits à la madone ou à la pagode du lieu ?

Je n'ai pas besoin d'insister à cet égard. S'adressant à la raison qui s'agite peu, en même temps qu'aux passions qui s'agitent beaucoup, la presse est tombée, pour le bien, dans la nullité ; pour le mal, dans le dévergondage. La folie ici n'est que dans le but ; elle est pleine d'habileté dans sa marche ; elle se joue, auprès du peuple, des idées complexes de raison et d'ordre public, qu'il n'entend pas ; elle fait reluire les idées simples d'égalité et de liberté qu'il comprend à merveille ; elle lui souffle l'aversion de toute autorité, ce qu'il comprend encore très-bien ; elle lui inculque, ce qu'il comprend encore mieux, la haine de toute différence de fortune, de rang et de considération.

Sous tous les rapports, il faut absolument s'occuper à régler et à discipliner la presse. En ne la limitant par aucune mesure préventive, il faut au moins la circonscrire dans un cercle de bienséances, qui interdise l'outrage, et dans un cercle de doctrine qui n'attaque pas la constitution de l'état. A l'égard des délits ordinaires, il est bien de conserver le jury tel qu'il est ; à l'égard des délits de la presse, vous examinerez si, dans une espèce de délit où, pour l'apprécier, il faut des connaissances et une éducation spéciale, il ne faut pas un jury spécial ?

J'ai fini, Monsieur. Quoique, d'après toutes mes convictions, mes conclusions soient bien positivement pour toutes les stipulations que j'ai énoncées, le sujet auquel elles appartiennent a par lui-même une trop grande importance pour être l'objet d'un examen ordinaire. Au milieu de la sphère d'incertitudes, d'erreurs et d'opposition, qui a fait de l'anarchie son domaine, la vérité qu'on empêchera tant qu'on pourra de triompher, a besoin d'une grande manifestation ; cette manifestation, d'une grande solennité.

En conséquence, vu l'exposé que je viens de présenter, je demanderai préalablement, dans la pétition que j'adresserai au Roi et aux deux Chambres, qu'il soit formé, au début de la session prochaine, une commission composée d'un certain nombre de membres du Gouvernement, de la Chambre des pairs et de la Chambre des députés, à l'effet d'aviser ensemble à l'examen de l'état présent du pays, ainsi qu'aux moyens de faire cesser l'anarchie qui le trouble. Je crois que cette commission y parviendrait en fixant et faisant reconnaître solennellement, d'abord par les trois pouvoirs, ensuite par toutes les autorités de la France, les principes fondamentaux de la société actuelle française et de son gouvernement.

Randane, 25 juin 1832.

Le Comte DE MONTLOSIER.

2 juillet.

P. S. Au moment où cet écrit sort de la presse, j'apprends qu'un arrêt de la Cour de cassation a annulé, pour cause d'incompétence, le jugement prononcé par un des conseils de guerre, à Paris, dans une affaire du sieur Geoffroi, condamné à mort. En vertu de la même jurisprudence, tous les autres jugemens du même genre se trouvent annulés. Cet arrêt, qui vient de déterminer le Gouvernement à lever l'état de siége de Paris, se trouve en opposition avec l'état de siége des provinces de l'Ouest, que le Gouvernement semble vouloir conserver, ainsi qu'avec le prononcé de plusieurs Cours royales. L'anarchie qui existait dans les esprits et dans les doctrines, est entrée ainsi dans le pouvoir. C'était inévitable. Le Gouvernement est réduit à combattre désormais les factions en bataille rangée. Entravé dans des formes créées pour des temps ordinaires, on le livre à un athlète qui l'attaque en toute liberté, sans être embarrassé ni des lois, ni des formes.